AF197090

Hersteller / Manufacturer (GPSR)
Storylution GmbH, Biberstraße 5, 1010 Vienna, Austria
E-Mail: story.one@story.one

Sarah Thieme

Bis dass der Tod uns wandelt – die goldene Essenz für ein Leben in Fülle

story.one – Life is a story

story.one

1st edition 2023
© Sarah Thieme

Production, design and conception:
story.one publishing - www.story.one
A brand of Storylution GmbH

All rights reserved, in particular that of public performance, transmission by radio and television and translation, including individual parts. No part of this work may be reproduced in any form (by photography, microfilm or other processes) or processed, duplicated or distributed using electronic systems without the written permission of the copyright holder. Despite careful editing, all information in this work is provided without guarantee. Any liability on the part of the authors or editors and the publisher is excluded.

Font set from Minion Pro, Lato and Merriweather.

© Cover photo: painted by Sarah Thieme

ISBN: 978-3-7108-7014-9

Für meine Mama Nicole

Alles was ich bin, bin ich wegen dir.
Wir verbrachten 25 wundervolle Jahre zusammen, bis dein Erdenleben zu Ende war.
Diese Zeit nutzten wir für all die wunderschönen Dinge, um Sonnenuntergänge am Meer zu beobachten, für all die verrückten Dinge, um Party im Auto zu machen, für all die traurigen Dinge, um jedes Mal gemeinsam zu weinen und für all die impulsiven Dinge, bis die Türen knallten, aber nicht mal zehn Minuten später wieder aufgingen und wir uns in die Arme nahmen. Ich danke dir Mama, du hast mich größtenteils zu dem Menschen gemacht, der ich heute bin. Deine unendliche Liebe gab mir Sicherheit. Doch du musstest gehen und ich verstand, dass unser Band damit nur stärker wurde. Du bist immer bei mir - und jetzt näher denn je.

INHALT

Sekunden, die dein Leben verändern   9

Der Kampf ums Überleben   13

Die unendliche Liebe und jene Kraft   17

Mit Winterklamotten im Juni ins Hospiz   21

Abschied für immer?   25

Die Verbindung der Stille   29

Die wunderschöne Reise in den Tod   33

Gehalten in den Armen vom Universum   37

Ordnung ins Gefühlschaos bringen   41

Der Ohnmacht die Macht durch die Angst nehmen   45

Perspektivwechsel - folge deiner Intuition   49

Reise ins Quantenfeld aller Möglichkeiten   53

Reise ins Unterbewusstsein   57

Das goldene Gesetz der Polarität   61

Die goldenen universellen Gesetze   65

Die goldene Essenz - Werkzeuge des Tuns   69

Die goldene Essenz der Reise   73

„Leben ist das, was passiert,
während du eifrig dabei bist,
andere Pläne zu machen."
- John Lennon

Sekunden, die dein Leben verändern

Nichtsahnend verabschiedete ich heute Morgen meine Eltern und meinen Bruder und fuhr zur Arbeit. Ein kuscheliger oversize Pullover schmiegte sich weich an meine Haut. Gute Laune durchstreifte meinen Körper und ich fühlte Zufriedenheit in mir. Wie sollte ich auch irgendetwas ahnen von dem, was mir heute noch emotional bevorstehen würde? Ich war in meiner komfortablen Blase geschützt in Liebe und Geborgenheit und fühlte diese Sicherheit in mir und um mich herum. Ich hatte nicht DAS Traumleben, aber beschweren konnte ich mich auch nicht. Was soll ich sagen? Mein Leben lief einfach so vor meinen Augen ab und es schien gut so zu sein. Bis dato hatte ich keinerlei Bewusstsein darüber, wie das Leben außerhalb meiner Blase aussah. Keinerlei Bewusstsein darüber, wie es sein würde, mit Veränderungen zu leben. Ich verankerte mich seit einiger Zeit in meinem Alltag und sah mich nicht in der Position, etwas zu verändern. Das Leben passierte einfach und ich nahm es so hin.

Auf der Arbeit bekam ich dann gegen späten Nachmittag einen Anruf von meinem Papa. Ungewöhnlich, denn jeder wusste, wie sehr ich Telefonieren verabscheue. Trotz alledem ließ ich keine weiteren Gedanken darüber aufkommen und rief ihn einfach zurück. Ich stand da an diesem einen großen Fenster meiner Schule, in der ich zu dieser Zeit noch arbeitete und schaute vom zweiten Stock auf eine graue Hauptstraße. Es war Dezember und eine graue Wolkendecke machte die Welt düster.

„Deine Mama hat einen Gehirntumor!", sagte mein Papa am Telefon. Als ich diese Worte hörte, sackte ich regelrecht in mich zusammen. Meine Welt brach buchstäblich in tausend Teile. Meine sichere und behütete Welt nahm genau in dieser Sekunde eine Wende. Ich kann euch jetzt schon einmal verraten, dass dieser Wendepunkt in meinem Leben aber grundlegend ALLES veränderte, meine Blase exakt in diesem Moment platzte und eine so große Welle von Ohnmacht und Angst auslöste, die mich vorerst umhaute. <u>Vorerst</u>.

Kennst du das, wenn du mit einer Person eine so innige Bindung hast? Eine so enge Ver-

bindung, dass du es schon Seelenverwandt-
schaft nennen würdest? Diese Person kann
dein*e beste*r Freund*in sein, dein*e Part-
ner*in, deine Mama, dein Papa, deine Oma,
dein Bruder, dein Hund ...

Für mich ist es meine Mama. Meine Mama
ist meine Seelenverwandte, meine beste Freundin, die Person, die mich am besten kennt und
die mir immer zur Seite steht. Und diese Person
sollte jetzt krank sein? Die Gefühlswelle, die
mich umhaute, sorgte dafür, dass meine tiefsten
Ängste ans Licht kamen und mein Gedanken-
karussell zu rasen begann. Ich war ruhelos und
betrachtete noch für einen weiteren Moment
die - nun verschwommene - Straße. Tränen lie-
fen mir übers Gesicht. Ich musste begreifen,
dass sich mein Leben von jetzt an drastisch verändern würde und ich ganz und gar meine
Kontrolle verloren hatte.

„Für uns bedeutet Familie, sich zu umarmen und füreinander da zu sein."
- Barbara Bush

„Liebe ist nicht das, was man erwartet zu bekommen, sondern das, was man bereit ist zu geben."
- K. Hepburn

Der Kampf ums Überleben

Es vergingen so einige Wochen und es stellte sich heraus, dass sich im Kopf meiner Mama kein Gehirntumor befand, sondern eine Metastase. Eine Höllenbotschaft, die darauf schloss, dass sich der Primärtumor irgendwo anders befand und sich der Krebs bereits in dem Körper meiner Mama ausbreitete.

Nachdem die Hiobsbotschaft des erst vermuteten Gehirntumors gefallen war, ging es für meine Mama recht schnell auf den Operationstisch. Es hieß, die Ärzte könnten den Tumor operieren und entfernen. Im ersten Moment atmete ich auf. Ich sah die Hoffnung und das Licht und sofort stießen mir Gedanken durch den Kopf, dass alles wieder gut werden würde. Mühsam versuchte ich meine heile Blase wieder aufzubauen und griff nach allen Möglichkeiten von Hoffnung, dass uns wieder das Glück ereilen würde, dass es nur ein Warnschuss gewesen sei, dass wir wieder wie früher in Sicherheit leben konnten.

In mir schauderte es sich nur so, wenn ich über die ganzen Veränderungen und neuen Gefühle der mir noch nicht ergründeten Tiefe nachdachte und es ließ mich fast erdrücken, wenn ich diese dann wirklich spürte. Es war nur klar, dass ich immer noch an meiner Kontrollsucht festhielt, in der Hoffnung, wieder alles im Griff zu haben. Aber das hatte ich nicht. Als sich herausstellte, dass sich der Krebs schon in Mamas Körper verstreut hatte und sie an einem Primärtumor in ihrer Lunge erkrankt war, erlosch mein Licht in Windeseile und in mir zog sich Dunkelheit und Misstrauen auf.

Die nächsten Monate war es der reinste Kampf ums Überleben. Anfänglich sah ich in den Augen meiner Mama noch ein Funken an Hoffnung. Zumindest dachte ich das, als sie versuchte, bei aller Kraft zu bleiben und lachte, als wäre alles in Ordnung. Mit dem Vermächtnis ihres Tagebuches, welches ich später lesen durfte, wurde mir aber schnell klar, dass sie sich bereits nach den ersten Monaten hilflos gefühlt hatte. Die Angst übernahm die Macht über sie und leider sah man dies immer mehr. Mit jeder weiteren Chemotherapie, Immuntherapie, Bestrahlung, Operation, jeder weiteren Pille wich ihre Kraft und auch ihre Lebensfreude.

„Sie haben neun neue Metastasen im Kopf", hieß es in einem Nebensatz. In Zeiten von einer Coronapandemie musste sie diese Sätze des Öfteren sogar alleine hören. Unmenschlich. Da war keine Umarmung, keine Wärme, keine Worte. Da saß sie einfach und fragte: *„Worauf warten wir?"* Mit diesen Worten ging sie in den Nebenraum bereit, sich mit einer Maske, die hauteng an ihrem Gesicht befestigt wurde, bestrahlen zu lassen. Und ich bewunderte ihren Mut, ihre Stärke und ihr Durchhaltevermögen in einer Zeit, gesteuert von der Angst. Die Angst hatte sie fest im Griff und zog die Fäden ihres Lebens wie bei einer Marionette.

Meine Mama, die stärkste und aktivste Frau, die ich jemals kannte, verlor ihre Leidenschaft für das Leben. Und hatte sie noch vor einem halben Jahr unendlich viele kreative Projekte und Ideen, so war es heute ihre Tagesaufgabe, sich weiterhin qualvoll einem Leben im Schmerz hinzugeben. Jede weitere Operation begünstigte ihre Wesensveränderung. In dieser eisernen Zeit, begleitet von viel körperlichem, aber auch seelischem Schmerz, kämpfte diese Frau. Sie kämpfte aus unendlicher Liebe zu ihrer Familie, an die sie sich festhielt.

„Wenn man von Anfang an über das Sterben nachdenkt, kann dies in der Stunde des Todes wirklich helfen."

„Das klare Licht des Geistes ist frei von Entstehen, Bleiben oder Vergehen."
- Dalai Lama

Die unendliche Liebe und jene Kraft

Fast 18 Monate lang kämpfte die mutigste Frau überhaupt einen Kampf gegen ihren eigenen Körper. Diese Zeit war geprägt von so viel Durchhaltevermögen und Kraft - für jeden einzelnen von uns.

In dieser Zeit lernte ich, mutig zu sein und mich großen Herausforderungen zu stellen. Aber ebenso war es der Fall, dass mich die unendliche Liebe zu meinem Seelenmenschen übermütig machte. Die Wahrheit ist, ich hing an meiner Mama. Ich hing an all ihrer Liebe und Geborgenheit und konnte es kaum ertragen, dass sie immer schwächer und unnahbarer wurde. Ihr glaubt es mir wahrscheinlich nicht, aber ich baute mir in dieser schrecklichen Zeit eine ganz neue Blase auf. Einen geschützten Raum, in dem es nur Hoffnung, Mut und Stärke gab. Ich dachte nicht an den Tod, den Tod meiner geliebten Mama. Für mich gab es nur einen Weg, und der hieß kämpfen. Ich verlor jegliche Gefühle in mir und wurde eiskalt. Ja, ich erstarrte regelrecht. Ich wollte es nicht wahrhaben. Ich wollte mich krampfhaft verschließen, damit ich nicht mit meinem Horrorszenario konfrontiert werde.

Ähnlich ging es meinem Papa, der aus unendlicher Liebe zu meiner Mama, den Ärzten immer wieder neue Behandlungsmethoden vor die Füße legte. Der nun bekanntliche Dr. Google eignete sich medizinisches Fachwissen an und kam durch ein Selbststudium immer wieder zu neuen Behandlungsmaßnahmen, Therapien und Medikationen. Ihr haltet das wahrscheinlich für mehr als verrückt, aber es war so und die Ärzte nahmen sich einige Ideen wirklich an. Einiges half - für einen kurzen Zeitraum.

Es war ein unermüdlicher Kampf, den wir bestritten und wir hätten immer weiter machen können. Aber es ging um meine Mama - ihr Körper, mittlerweile übermannt von Metastasen - und mit jeder verlorenen Maßnahme zerbrach ihr goldiges Herz in weitere viele Teile. Es läuft mir kalt den Rücken herunter, wenn ich heute an ihre funkelnden Augen denke, bei einer vielversprechenden Therapie, die sie aber eher noch mehr vergiftete und sie von dem

Leben ein Stück mehr entfernte.

Ihre Augen wurden allmählich müder und leerer. Es gab diesen einen Zeitpunkt in meiner schrecklichen Geschichte, wo ich erkannte, dass ich die Angst an mich heranlassen musste. Naja, die Angst saß mir recht schnell im Nacken, bis ich mir den Tod vorstellte und mich die Angst zu lähmen schien. Es war an der Zeit, über den Tod zu sprechen und so luden wir ihn ein und er ging mit uns auf eine unvergessliche - aufgepasst - wunderschöne Reise.

„'Und ich habe mich so gefreut!'
sagst du vorwurfsvoll, wenn dir
eine Hoffnung zerstört wurde.
Du hast dich gefreut - ist das
nichts?"
- Marie von Ebner-Eschenbach

Mit Winterklamotten im Juni ins Hospiz

Hoffnung. Das ist wohl wirklich eine sehr kraftvolle Macht, die uns in Extremsituationen unseres Lebens beistehen kann. Der Glaube an das Gute hält uns fest und gibt uns - auch wenn es noch so aussichtslos erscheint - etwas mehr Sicherheit.

Meine Mama wählte einen letzten Ort des Friedens, ein Hospiz. Und so wurde ihre Tasche gepackt und sie entschied sich unter anderem für Winterklamotten im Juni. War auch noch dort dieses Fünkchen an Hoffnung in ihr drin? Glaubte sie vielleicht doch noch an ein Wunder?

Die Frage ist, was für ein Mensch bist du? Bist du ein hoffnungsvoller Mensch, der in aussichtslosen Situationen auch noch das Gute anerkennt? Glaubst du an ein Wunder, auch wenn es dir noch so fern erscheint? Und selbst wenn nicht, wärst du bereit, dich auf eine Reise voller Wunder einzulassen?

Meine Mama bekam das schönste Zimmer, Zimmer Nummer eins. Zimmer Nummer eins befand sich direkt an einem Waldstück und da die Fenster immer geöffnet waren, konnte man den lauen Frühlingswind lauschen. Wenn es geregnet hatte, hörte man ein sanftes Tropfen des Regens auf die Blätter. Den ganzen Tag sangen die Vögel und es brachte Seelenfrieden mit sich. Es war ein Ort der Stille und meiner Meinung nach ein wunderschöner Ort zum Sterben.

Ich möchte euch die qualvollen letzten Szenen eigentlich ersparen, aber wenn ich nur von Vogelgezwitscher und einer friedlichen Ruhe spreche, dann könnt ihr es nicht richtig nachvollziehen. Ich erlebte in diesem Gebäude meine schwersten Tage, Stunden, Sekunden und es war eine Reise, die mich so Vieles lehrte, von dem ich euch später noch berichten möchte.

„Ich kann nicht mehr, Sari! Ich kann nicht mehr. Bitte hilf mir. Ich will sterben!", schrie meine Mama elendig und bettelte regelrecht um ihren Tod. Sie konnte nicht mehr. Sie konnte sich nicht mehr bewegen, nicht mehr richtig essen, nicht mal mehr richtig sprechen. Ihre

Sätze wurden immer kürzer, immer leiser und sie hatte die meiste Zeit ihre Augen geschlossen. Sie hielt sich elendig am Leben, und alles, was für uns ein Leichtes war, setzte ihr sehr zu. Sie entfloh immer mehr in eine andere Welt und hörte den ganzen Tag lang das Hörspiel *Harry Potter und der Stein der Weisen* - wahrscheinlich um sich an Magie und Zauberei festzuhalten. Sie liebte schon immer die Bücher und so stellte sich die Zauberwelt als ihren Anker heraus.

Den Ärzten war es aber tatsächlich möglich, eine Sedierung vorzunehmen, um meine Mama von ihrem Leid zu befreien und bei der sie einfach einschlafen würde. Schlafen bis zu ihrem Tod. Und so sagten wir der Familie Bescheid und gaben ihr die Zeit, sich zu verabschieden, denn morgen sollte es so weit sein und ich würde den sanften Klang ihrer Stimme nie wieder hören ...

„Das Erste, das der Mensch im Leben vorfindet, das Letzte, wonach er die Hand ausstreckt, das Kostbarste, was er im Leben besitzt, ist die Familie."
- Adolph Kolping

Abschied für immer?

Es ist zwölf Uhr. Die Kirchenglocken läuten. Die Schwester hat die Spritze in der Hand, die meine Mama für immer aus dem Leben reißen wird. Nie wieder werde ich mit ihr sprechen können. Ich werde ihr nie wieder in ihre stahlblauen Augen schauen können. Sie wird nicht mehr wissen, wie mein Leben verläuft, wie es mir geht. Es wird nie wieder einen ihrer kreativen Ratschläge geben.

Diese Gedanken schossen mir durch den Kopf in Verbindung mit einem sehr immensen Ohnmachtsgefühl. Ja, ich fühlte mich ohnmächtig, denn ich konnte diese Situation nicht ändern. Ich hatte nicht die Macht darüber und musste es akzeptieren. Eine Akzeptanz mit hohem Preis der Rastlosigkeit und Angst.

Bevor die Kirchenglocken an diesem Tag ertönten, verabschiedeten wir uns von Mama. Ihr Blick war starr zu uns gerichtet. Sie konnte kaum noch etwas sagen. Ihre Tränen türmten sich an einem bestimmten Punkt in ihrem

Auge, den man auch wirklich Tränenpunkt nennt. Immer wenn sich dort zu viele ihrer Tränen niederließen, kullerte eine Träne ihre Wange herunter. Eine Träne voller Liebe. Eine Träne voller Dankbarkeit. Eine Träne voller *„Ich lass euch niemals allein!"*

Als ich ihre Tränen sah, die so viel mehr als Worte zu sagen hatten, erstarrte ich. Eine Welle an Emotionen riss mich in ihren Bann. Mein Bruder bemerkte meinen Zustand und führte mich durch diese Situation. Er sah mir tief in die Augen und sagte in diesem bedeutenden Moment so leitende und wertvolle Worte: *„Sari nutze deine Zeit und verabschiede dich nun!"* Ich bewunderte seine immense Stärke und werde ihm wohl ewig dankbar sein, dass er mich an die Hand nahm. Und so verabschiedete ich mich und flüsterte ihr meine letzten Worte ins Ohr. *„Ich liebe dich Mama!"*, sagte ich mit zittriger Stimme und sie erwiderte es doch wirklich und gab mir mit aller Kraft diese drei wertvollen Worte zurück.

Es war kurz vor zwölf und wir entschlossen uns einer Schwester von dem Hospiz das Go für die Spritze zu geben. Das Go für die Worte *„Lebe wohl"*, das Go für *„Wir werden dich nie-*

mals vergessen", das Go für *„Wir werden immer an dich denken"*, das Go für *„Verlass uns bitte nicht"*, das Go für *„Wir werden uns wiedersehen"*, das Go für *„Mama, du hast es endlich geschafft! Lass los! Du wirst jetzt keine Schmerzen mehr verspüren!"*

Wir standen noch eine Weile vor Mama - Arm in Arm mit Tränen überladen und streichelten Mama über ihren Arm und ihre Wange und hielten ihre Hand. Wir saugten diesen Moment so sehr auf und nahmen jede Emotion mit. Es überkam mich ein Gefühl von purer, endloser Liebe, tiefer Traurigkeit, großer Dankbarkeit, Stolz, Erleichterung ...

Und da lag sie jetzt. Mit geschlossenen Augen und einem recht entspannten und friedlichen Gesicht. Ich beschäftigte mich mit dem Gedanken der Unendlichkeit, meinem Kontrollverlust und jener Angst, die mich übermannte. Ich wusste, dass es meiner Mama so besser gehen würde, aber es war ein qualvolles Spiel mit der Zeit für uns, bis jene Gedanken wieder verpufften und meine Mama wieder wach war.

„In der vollkommenen Stille hört man die ganze Welt."
- Kurt Tucholsky

„Leih der Stille dein Ohr, damit du das Singen der Ewigkeit vernimmst."
- Helga Schäferling

Die Verbindung der Stille

Ich traute meinen Augen nicht, als ich sah, wie sich die Augen meiner Mama wieder aufrissen und sie mich wieder mit ihrem liebevollen Blick anschaute und mit einer warmen Stimme unsere Namen sagte. Es war ein Stich in mein Herz. Ich hatte mich bereits gedanklich auf die Reise der Unendlichkeit begeben, eine Reise, die mir zeigen sollte, dass sich meine Mama langsam auf den Weg in die geistige Welt macht und mich ihr Körper für immer verlassen würde. Doch da war sie wieder dem Leben - und somit auch mir - irgendwie wieder viel näher. Es war ein warmes, vertrautes Gefühl. Ein Gefühl von Heimat und gleichzeitig zerriss es mich.

Meine Mama bekam eine erneute Spritze, doch wachte immer und immer wieder auf. Die erste Verabschiedung war ein solch emotionales Ereignis, sich dann aber immer wieder verabschieden zu müssen, glich einer Folter. Immer wieder die Begleitung in den Tod und den Empfang ins Leben. Ein Kreislauf, von dem du nicht wusstest, wann er zu durchbrechen beginnen würde.

Doch waren wir alle da und begleiteten diesen Prozess. In uns Gefühle der Hilflosigkeit und Unbeholfenheit, doch sollte immer jemand da sein, wenn sie wieder aufwachen würde. Und so saß ich in ihrem Zimmer neben ihrem Bett in tiefer Stille. Ich bewegte mich gut eine halbe Stunde lang keinen Zentimeter und bemerkte so langsam, dass ich mich - wie in einer Meditation - einer tieferen Ebene gewidmet hatte und empfänglicher war für mein Unterbewusstsein und auch für die geistige Welt ...

Und so sprach ich in Gedanken: *„Mama, wenn du mich hören kannst, so öffne kurz deine Augen."* Es dauerte keine zwei Sekunden und meine Mama machte die Augen auf und wieder zu. Die Fläche meines Körpers bedeckte sich mit Gänsehaut. Und es ereigneten sich noch weitere magische Momente. Beim ersten Mal saß ich im Zimmer in einem der Sessel und ein anderes Mal stand ich an der Badezimmertüre, als meine Mama wieder aufwachte und mich direkt - ohne sich auch nur den Hauch an Orientierung einzuholen - fokussierte. Es ist genau dreimal passiert, dass sie ihren Kopf direkt zu mir wandte, ohne dass sie wusste, wo ich genau stand oder saß. Es erzeugte zum einen ein schauderndes Gefühl in mir und im gleichen Moment spürte ich solch eine Geborgenheit, ich spürte, dass unsere Verbindung niemand trennen könnte. Auch nicht der beängstigende Tod.

Meine Mama kämpfte sehr stark gegen das Sedierungsmittel an. Sie kämpfte sich immer wieder zurück ins Leben und konnte es nicht loslassen, weil sie an der Liebe zum Leben festhielt. Sie berichtete uns Tage zuvor von Gestalten vor ihrem Bett mit einem leckeren Kuchen - und oh ja, meine Mama liebte Kuchen über alles. Diese Situation machte ihr aber sehr große Angst. Ich konnte sie beruhigen und erzählte ihr von der geistigen Welt, den lieben Seelen, die auf sie aufpassten und dass sie sie in den Tod begleiten würden. Sie war beschützt mit all der Liebe aus der Welt einer anderen Dimension.

„Es ist mit deinem Tod
das letzte Wort noch nicht
gesprochen,
denn das letzte Wort soll »Liebe«
sein."
– Jochen Jülicher

Die wunderschöne Reise in den Tod

Die Spiritualität gab mir Halt in Zeiten wie diesen. Ich begann meine Antworten im Universum zu suchen, aber spätestens mit der Reise in den Tod erweiterte sich mein Glaube immens für das Übernatürliche, für die geistige Welt, die Energien des Lebens. Ich fand meinen Halt in der Überzeugung, dass alles aus Energie besteht. Und wissenschaftlich können wir nun mal belegen, dass Energie weder erzeugt noch vernichtet werden kann, sie kann lediglich umgewandelt werden. Ich gab diesen Glauben an meine Mama weiter und es beruhigte sie. Es gab ihr Halt.

Wenn sich der Tod nähert und den Sterbenden mit auf die Reise nehmen möchte, so habe ich beobachtet, schwebt der Mensch zwischen zwei Welten entlang, an der Grenze zwischen Realität und Fantasie. Ich denke, dass die Grenzen der Wahrnehmung immer mehr verblassen und man eine andere Dimension kennenlernt. Ich hörte die Geschichten meiner Mama und sie waren friedvoll und schön, ich bekam die wunderbaren Seelen beschrieben, die sie besuchten, und es machte mich unendlich glücklich, weil ich wusste, dass eine Verbindung der Grenzen besteht. Eine Brücke, die man niemals sieht, in tiefer Stille gelegen, doch können wir sie überqueren, wenn wir den Mut haben, zu glauben und nicht zu denken, der Himmel würde die Grenze sein.

An ihrem letzten Abend, bevor sie in diese Welt eintrat, schlief sie sehr fest. Ich verabschiedete mich ein letztes Mal. Ich wollte sie ein letztes Mal spüren und als ich ihre Hand nahm, war diese eiskalt. Ich spürte regelrecht, wie das Leben aus ihrem Körper floss und sich der Tod in ihr ausbreitete. Als ich aus dem Zimmer ging, schaute ich noch ein letztes Mal auf sie zurück.

Meine Mama starb in dieser Nacht, kurz nachdem wir alle gegangen waren. Doch davor besuchte sie uns noch einmal. Meine Mama kam kurz vor ihrem Tod zu meinem Papa ans Bett und er spürte auf einmal eine ganz vertraute Wärme unter der Decke. Eine Freundin von ihr wurde auf einem Foto überrascht, denn als sie an diesem Abend essen war und ein Foto mit anderen Freunden machte, so war das Gesicht ihrer Freundin verschleiert. Es sah aus, als würde jemand vor ihr stehen. Und auch mich besuchte meine Mama. Aber erst, nachdem sie gestorben war. Sie zeigte mir in meinem Traum dieser Nacht den Ort des Friedens, an dem sie nun war. Sie zeigte mir die Stille und sie zeigte mir die ganzen wundervollen Seelen, die mit ihr dort waren. Sie nahm mich mit in ein Gewässer und ich durfte mich frei fühlen. Sie nahm mich mit in ein Haus und ich durfte mich geborgen und zu Hause fühlen. Und sie zeigte mir einen riesigen "Feuervogel", der auf sie achten würde. Das Gefühl war unbeschreiblich, ich würde fast sagen unmenschlich. Für "schlechte" Gefühle gab es keinen Raum. Den Körper meiner Mama sah ich leider nicht mehr in meinem Traum, aber ich spürte, dass sie da war. Ich spürte diese Verbundenheit. Ich spürte sie in Form von reiner Energie und es war für mich *die Reise mit dem Tod in einen unbeschreiblichen, wunderschönen Zustand voller Freiheit, Liebe und Dankbarkeit.*

„*Mein Gehirn ist nur ein Empfänger, im Universum gibt es einen Kern, aus dem wir Wissen, Kraft und Inspiration erhalten [...] .*"
- Nikola Tesla

Gehalten in den Armen vom Universum.

In der Zeit danach fühlte ich mich alles andere als alleine gelassen. Ganz im Gegenteil, ich spürte die unendliche Verbindung zu meiner Mama in den vollsten Zügen. Ich konnte weiterhin mit ihr kommunizieren und bekam wieder mal eine ganz neue Sichtweise auf das Universum und unser Erdenleben. Mein Glaube schoss bildlich gesehen ins Universum. Ich bekam eine völlig neue Lebensenergie, ein Geschenk, welches wertvoller nicht hätte sein können.

Ihr seid bestimmt neugierig, wie ich mit meiner Mama trotz ihres Todes weiterhin kommunizieren kann. Ich erzähle es euch ;-) Im Grunde genommen spreche ich einfach mit ihr und nutze die machtvolle Kraft von Zeichen. Eines Nachmittags saß ich in einem Garten und begab mich in eine wundervolle Meditation, in welcher ich mir übrigens auch einen ganz individuellen Ort erschaffe, wo ich meine Mama jederzeit treffen kann. Als die Meditation beendet war, lag ich noch so da und suchte den Kontakt zu meiner Mama. Ich hatte mit der Übung in die Stille zu gehen, ohnehin schon die Tore für eine andere Dimension geöffnet. Und so sprach ich - wie damals im Hospiz - mit meiner Mama und sagte ihr: *„Bitte Mama, zeig dich mir in Form eines Schmetterlings und so weiß ich, dass ich auf dem richtigen Weg bin!"* Es dauerte keine Stunde und ich bekam ein kurzes Rauschen in meinem linken Ohr - ein spirituelles Zeichen, welches die Verbindung zur geistigen Welt, aber auch zu meinem höheren Selbst darstellt. Ich hörte kurze Zeit später ein Flattern an meinem linken Ohr. Und da saß er, der wunderschönste Schmetterling, den ich je gesehen hatte, auf meiner linken Schulter. Ich brach in Tränen aus - denn ich wusste, meine Mama ist bei mir! Aber nicht nur Schmetterlinge oder das Rauschen im Ohr begleiteten mich seitdem ständig, denn überall, wo eine weiße Feder in Situationen mit wichtigen Entscheidungen lag, wusste ich, meine Mama steht mir bei. So klebte eine weiße Feder an ihrem Todestag auf dem Auto meines Vaters und ging den ganzen Tag nicht ab.

Eine weitere mystische Situation ereignete sich bei meinem Papa zu Hause. Es fing damit an, dass es spät abends bei ihm klingelte und niemand auf der Straße zu sehen war. Am Morgen danach waren zwei nasse Fußabdrücke auf unserer Terrasse, als hätte dort jemand barfuß mit nassen Füßchen gestanden. Und noch ehe mein Papa die Schuhe meiner Mama holen konnte, um die Größe zu vergleichen, waren sie verschwunden.

Meine Mama wollte eine Seebestattung und es war wirklich ein so wundervoller Tag. Der Himmel war recht bedeckt und nachdem ich einige Worte an meine Mama gerichtet hatte, tat sich ein Loch in der Wolkendecke auf und beglückte uns mit einem Sonnenstrahl. Ganz nach: *„Das hast du wunderschön gesagt!"* Aber es kommt noch wundervoller, denn auf dem Video, das ich vom Meer machte, war ein Schatten zu sehen, der fröhlich Hin und Her schwebte. Meine Mama war dort. Ganz klar!

Und als ich die ganzen Zeichen sah, wurde mir noch klarer, dass wir niemals alleine sind. Dass wir Energien in einem Universum voller Möglichkeiten sind und gehalten werden, gehalten in den Armen vom Universum. Immer.

„Du kannst deine Augen schließen, wenn du etwas nicht sehen willst, aber du kannst nicht dein Herz verschließen, wenn du etwas nicht fühlen willst."
- Johnny Depp

Ordnung ins Gefühlschaos bringen

Irgendwann brach auch bei mir die Fassade und meine ummantelte Eisschicht fing zu schmelzen an. Ich kochte innerlich vor Wut. Ich war wütend aufs Leben. Wütend auf alles. Und im anderen Moment konnte ich dieses Feuer wieder eindämmen, indem ich es mit einer Ladung von Trauer, die Unmengen an Tränen mit sich brachte, löschte. Mein Herz fühlte sich schwer an. Ich spürte die Stiche, denn es war wie, als würden diese tonnenschweren Teilchen meines Herzens sich in meinen Körper bohren. Im nächsten Moment war ich wieder in einem Rausch und konnte meine zerbrochenen Teilchen mit meiner Lebensenergie zusammenkleben. Ich möchte damit sagen, dass wir nun mal eben fühlen. Wir sind menschliche Wesen mit Emotionen. Jeder Einzelne von uns ist seinen Weg im Leben gegangen und hat seine Geschichte zu erzählen, seinen Rucksack zu tragen mit all seinen Erlebnissen und Gefühlen. Daher ist die Verarbeitung vom Tod oder generell einem Schicksalsschlag sehr individuell.

Es ist wichtig zu wissen, dass Gefühle ihre Daseinsberechtigung haben. Sie sind wichtig und absolut okay! Egal, was du eben fühlst. Gerade die Tiefen des Lebens gehören einfach in unserem Leben dazu. Leider. Es wäre utopisch, wenn sich das Leben immer nach unseren Plänen erfüllen würde, in reinster Kontrolle und nur von Positivität umgeben. Aber warum die Tiefen so wichtig für unsere Höhenflüge sind, werde ich später noch einmal erklären.

Heilung beginnt damit, alles zuzulassen, was der Körper eben gerade zeigen möchte. Und da wir sehr gefühlsgesteuerte Menschen sind, kann das schon mal ein regelrechtes Chaos an Gefühlen sein. Es kann sich ein Misstrauen ausbreiten, denn im einen Moment ist die Welt für dich großartig, trotz der Trauer und all dem Leid und im anderen Moment übermannt dich die Trauer und du versuchst sie vielleicht zu verdrängen, weil du gerade mitten in deinem Alltag steckst, der dir dafür keinen Raum gibt. Nimm diese *Gefühle als reines Geschenk* an. Indem du deine Gefühle nämlich bewusst - in deinem **Bewusstsein** also - **wahrnimmst, beobachtest und annimmst**, das Gefühl in die **Sichtbarkeit** holst und vor allem ein Ticket mit der Aufschrift *Daseinsberechtigung* verteilst, so kommt es nicht zu einer Verdrängung dieses Gefühls. Es wird somit bewusst von dir verarbeitet und wird nicht durch deine Verdrängungskünste in die unterste Ecke deines Unterbewusstseins gedrückt, wo es im Übrigen erst einmal verankert bleibt und dann zu einem anderen Zeitpunkt wieder an die Oberfläche zurückkommt! Setzte dich oder lege dich dazu gemütlich hin und konzentriere dich auf deinen Atem. Du kannst in der ersten Ebene versuchen, deine Gedanken loszulassen, eine Ebene tiefer kannst du deinen Körper wahrnehmen - gibt es dort einen Bereich, den du besonders spürst? Und nun kommen wir zu der Ebene deiner Gefühle: **Wo spürst du ein Gefühl? Braucht dieses Gefühl vielleicht gerade deine Anerkennung oder deine Erlaubnis? Was kannst du für das Gefühl tun?** Du nimmst somit die Rolle des Beobachters ein und gehst in die kognitive Verarbeitung des Gefühls, schenkst dem Gefühl Achtung, Respekt, befreist es von Verurteilung und bemerkst, dass uns somit unsere Gefühlswelt nicht bestimmt und ausmacht. Du bist nicht deine Gefühle. Nur weil du Angst vor etwas hast, heißt es nicht, dass du ein super ängstlicher Mensch bist!

„Ob du denkst, du kannst es oder du kannst es nicht – in beiden Fällen hast du Recht.“

„Wer immer tut, was er schon kann, bleibt immer das, was er schon ist.“
- Henry Ford

Der Ohnmacht die Macht
durch die Angst nehmen

Ich realisierte immer mehr, dass sich ein Gefühl der Ohnmacht in unmittelbarer Verbindung mit meiner größten Angst in mir ausbreitete. Meine Wut, meine Trauer, meine Lustlosigkeit sind die einen Emotionen, die mich begleiten. Die Grundlage dessen geht aber noch viel tiefer und ich kam meiner größten Angst immer näher. Ich muss jetzt ein Leben ohne meine engste Bezugsperson meistern. Ihre Liebe erreicht mich nun nicht mehr körperlich. Ich kann jetzt nicht mehr einfach zum Hörer greifen, um sie um Rat zu fragen oder mich von ihrem vertrauten Klang ihrer Stimme beruhigen zu lassen. Wie ich euch bereits erzählte, platze meine Blase der Sicherheit, meine Komfortzone brach zusammen und es gab nur noch diesen einen, mir unüberwindbaren Weg hinaus aus dem zerbrochenen Kartenhaus. Es war die Brücke zu meiner Angst. Die Angst winkte mir schon am anderen Ende der Brücke zu und schien sich auf mich zu freuen. In mir das Gefühl der Ohnmacht. Und dieses Gefühl war

wirklich extrem **mächtig**. Ich stand da wie an-
gewurzelt. Ich fühlte diesen inneren Druck, un-
bedingt handeln zu wollen, die Brücke zu überqueren und mich meiner Angst zu stellen.
Doch diese Ohnmacht ließ mich die Kontrolle
verlieren, die Kontrolle mein eigenes Schicksal
in die Hand nehmen und beeinflussen zu können. Mein angewurzelter Körper bemühte sich,
sich zu befreien in einem Sturm, der mich hin
und her riss. Doch in mir Leere. Ich konnte
mich nicht gegen diese Macht wehren. In dieser
hoffnungslosen Lage fühlte ich mich ausgelie-
fert und hilflos.

Und nun reisen wir noch einmal genauer in
die Materie der Angst. Die Angst ist doch so gesehen meine gedankliche Erwartung der Emotion von Schmerz in der Zukunft. Ja, ich fürchte
mich die Brücke ins Unbekannte zu überqueren, weil ich nicht weiß, was dort auf mich wartet. Ich muss meine Kontrolle buchstäblich ab-
geben. Mit der Angst möchte unser Bewusstsein unser Leben schützen und uns sichern.
Aber dieses vermeintliche Sichern ist nur ein
Scheinschutz. Denn wir können jetzt eines tun,
in unserer misslichen Lage baden und uns
immer mehr hineinsteigern oder aber wir nehmen wieder alles wahr, was wir fühlen und fra-

gen uns eine ganz essenzielle Frage: Ist meine Lage wirklich so aussichtslos? Oder lädt mich diese Brücke vielleicht in eine Zukunft neuer Möglichkeiten ein? Die Angst winkt uns freundlich zu. Lass uns einmal die Sichtweise ändern. Stell dir einfach mal vor, die Angst ist ein guter alter Freund von dir, der dir zur Seite steht und dir immer wieder den richtigen Weg zeigt. Du fühltest dich ohnmächtig, weil dir das Schicksal die Kontrolle entzog, aber du sahst nicht, dass die ganze Zeit die Angst da war, um dich zu leiten. Du kannst die Angst als deinen persönlichen Wegweiser betrachten, einen alten Freund, der dir *zu deinem Weg zu mehr Wachstum, Entwicklung und Entfaltung deines Potenzials verhilft.* Zusammengefasst weißt du nun, dass **die Angst bedeutet, aus deiner Komfortzone zu treten, Mut zu zeigen und dich auf deine Entwicklung zu freuen und dankbar für diese zu sein.** Denn egal wo dich diese Brücke hinführt, du wirst dich danach so *mutig*, *stark* und *wunderbar* fühlen!

„Gott gib mir die Gelassenheit,
Dinge hinzunehmen, die ich
nicht ändern kann, den Mut,
Dinge zu ändern, die ich ändern
kann, und die Weisheit, das eine
vom anderen zu unterscheiden.“
- R. Niebuhr

Perspektivwechsel - folge deiner Intuition

Du bist genug. Eine Billion Mal genug. Bevor es an die goldene Essenz geht, möchte ich dir noch einmal deutlich machen, welch machtvolles, wunderschönes Wesen du bist. Du bist auf diese Erde inkarniert mit deinem *individuellen Seelenplan*, jeder hat diesen. Deine Seele sammelt Erfahrungen auf der Erde und sie kann dabei eine sehr alte, weise Seele sein oder auch noch eine recht junge, die ihre ersten Erfahrungen sammelt. Ganz egal, du lernst aus jeder Situation deines Lebens.

Ich habe durch den Tod meiner Mama so viel gelernt. Ich bin durch einen unglaublichen Entwicklungsprozess gegangen und bin so sehr gewachsen. All die Trauer, die Wut, Ohnmacht und Angst haben mich erst verzweifeln lassen und mich in eine Tiefe gestürzt, aus der ich mich nicht entkommen gesehen habe. Ich dachte wirklich, ich müsste in dieser Tiefe sterben. Ich wurde aus meiner mollig warmen Komfortzone gerissen und musste nun fortan in der frostigen Dunkelheit überleben. Ich hatte doch keine Ahnung. Ich sah meine Gefühle und Erfahrungen nicht als Geschenk, sondern bemitleidete mich und fragte mich, warum mein Leben wohl so verlaufen würde.

Irgendwann saß ich aber dort, verlassen an meinem tiefsten Punkt im Leben und diese Stille öffnete mir ein Tor. Ein Tor zu mir, meinem Unterbewusstsein, aber auch zum Universum. Ich sah die spirituellen Zeichen und mein Glaube wurde stärker an das Übernatürliche. Meine Lage ist grausam. Natürlich ist sie es. Wie sollte ich auch jemals einen Tod eines geliebten Menschen beschönigen? Aber es blieben mir nur zwei Wege übrig. Ich könnte nun weiter in der Trauer versinken oder mich fragen, was ich denn nicht noch alles schaffen könnte, wenn ich nun mein größtes Horrorszenario irgendwie lebend überstanden hatte. Ich sah plötzlich die **Transformation** in meinem Leben und fragte mich nicht mehr *„Warum ich?"*, sondern sah es als meine **Chance für Wachstum** an. Ich erlangte **meine persönliche Resilienz** und bekam eine **Neuausrichtung** auf mein Leben.

Wir alle haben unser *höheres Selbst*, unsere magische *Intuition*, die uns leiten kann, spirituell gesehen haben wir alle unser *drittes Auge*, unser *Tor zur Innenwelt unserer Seele* und können damit unseren intuitiven Weg erkennen, der sich uns eigentlich immer zeigt. Wir verschließen nur leider so oft unsere Augen und vor allem unser drittes Auge. Sich selbst zu lieben und zu vertrauen ist in unserer heutigen Welt leider schwieriger geworden. *Wir suchen unser Glück so oft in anderen oder knüpfen es an eine Bedingung, wobei wir das Glück doch schon in uns tragen!* Werden geblendet mit all dem, was wir anscheinend ganz dringend brauchen, mit Schönheitsidealen, wie unser Körper auszusehen hat und so weiter. Wir wachsen aber leider auch irgendwie in einem oberflächlichen System auf, in dem es nur darum geht, schnell gewisse Leistungen zu erbringen. Sollten wir das aber nicht doch mal hinterfragen? Bin ich wirklich hier, um 24/7 einen Job zu machen, der mir nicht gefällt und meine kostbare Zeit verschwendet? Oder geht es vielmehr darum, meinem Seelenplan nachzugehen, stetig zu wachsen und Gefühle der Tiefe auch für mich zu nutzen, als Perspektivwechsel, einen Weg neuer Möglichkeiten und Chancen. Denn manchmal zwingt uns das Leben in die Knie, aber genau dort entdecken wir etwas, was wir für unseren nächsten Schritt brauchen ...

„Die Energie ist tatsächlich der Stoff, aus dem alle Elementarteilchen, alle Atome und daher überhaupt alle Dinge gemacht sind und gleichzeitig ist Energie auch das Bewegende."
- Werner Heisenberg

Reise ins Quantenfeld aller Möglichkeiten

Bist du bereit für eine kleine Reise durch unsere **Quantenwelt**? Ich möchte dir die Sichtweise näherbringen, das Leben als *Quantenfeld* zu verstehen und somit auch die Erkenntnis, dass *dein Geist jegliche Materie beherrschen kann* und genau das der *Schüssel eines Lebens voller Fülle* ist.

Vom Energieerhaltungsgesetz erzählte ich dir ja schon. Energie kann weder erzeugt noch vernichtet werden, sie kann lediglich von einer Form in eine andere umgewandelt werden. Und wusstest du, dass unser menschlicher Körper zu **99,99 % aus Energie** besteht und nur zu **0,01 % aus Materie**? Es ist unglaublich, denn bei einem Atom ist es absolut dasselbe und nicht nur wir bestehen aus Atomen, auch dein Stuhl, dein Schreibtisch, ja dieses Buch besteht aus Atomen. Jetzt wird dir vielleicht auch etwas klarer, warum die Energie eine solch große Rolle spielt, wir in unserer Welt aber viel zu sehr damit beschäftigt sind, die äußeren Dinge zu bewerten. Es sind die Umwelt*einflüsse*, die uns doch nur weitestgehend *beeinflussen*. Tief in uns liegt die Kraft der Schöpfung, ja **unser Geist beherrscht die Materie!**

Unsere Energie kann auch schwingen, wenn wir Gedanken denken oder Gefühle fühlen, dann senden wir gewisse Wellen aus. Je nachdem, welche Gedanken du denkst und welche Gefühle du fühlst, kann deine **Frequenz** *hoch* oder *niedrig* sein. Die Gefühle, die zum Beispiel *mit am höchsten schwingen, sind Liebe und Dankbarkeit.* Du sendest deine Frequenz dann ins Universum hinaus und ziehst genau das in dein Leben, was eben mit dir auf gleicher Frequenz schwingt. Diese Frequenzen gehen dann in **Resonanz.** Das Universum ist also ein riesiges **Quantenfeld voller potenzieller Möglichkeiten.** Vielleicht verstehst du nun, wieso jemand, der sich lange Zeit über Rechnungen ärgert, immer wieder dasselbe darüber denkt, sich diese Rechnung im Briefkasten damit immer wieder visualisiert und Gefühle der Wut und des Ärgers verspürt, nur noch mehr Rechnungen anzieht. Wir wollen unseren Fokus aber auf die Fülle im Leben lenken, wir wollen unseren Traum leben und ich sage dir mit dem Verständnis der Quantenphysik und den Energien

des Lebens sollte dir nun ein erstes Licht aufge-
gangen sein. Aber wie schaffe ich es denn nun,
mich auf hochschwingende Gefühle zu konzentrieren? Vielleicht gibt dir folgende Information
nochmal den nötigen Stupser, demnächst mal
achtsamer mit deinen Gedanken umzugehen
und Gefühle von Liebe und Dankbarkeit für
alles, was du bereits hast, zu kreieren.

Wenn wir so durch die Welt laufen, dann
können wir nur das Materielle der Erde wahrnehmen. Die Energien, das Übernatürliche
nehmen wir vorerst nicht mit unserem bloßen
Auge wahr. Und was muss es da noch alles
geben, wenn ich euch nun erzähle, dass die
Erde tatsächlich nur zu **5 % aus sichtbarer Materie** und zu ganzen **95 % aus übernatürlichen
Energien** besteht? Im Quantenfeld scheint also
ganz schön viel los zu sein. Es laufen so viele
Prozesse ab, die wir gar nicht sehen. Wir glauben immer nur an das, was für uns sichtbar ist.
Aber überlege mal, das sind nur 5 %. Wie limi-
tiert müssten wir denn sein, wenn wir nur an
das Materielle glauben würden? Da sind noch
so viel mehr Möglichkeiten und alle existieren.

„Man kann vieles unbewusst wissen, indem man es nur fühlt aber nicht weiß."
- Dostojewski

„Man sieht oft etwas hundert Mal, tausend Mal, ehe man es zum allerersten Mal wirklich sieht."
- Morgenstern

Reise ins Unterbewusstsein

Du bist wahrscheinlich immer noch sehr fasziniert von der Reise ins Quantenfeld. Lass uns nun eine weitere bedeutende Reise machen - **in deinen Körper**. *Der Schlüssel liegt nur in dir.* Du kannst die *Tore für das Quantenfeld* jederzeit öffnen. Wir begeben uns in dein **Unterbewusstsein** und ich sage dir, es ist der Spiegel deines bisherigen Lebens. Denn im Unterbewusstsein findest du jegliche Antworten über dein Leben. Leider können wir es nicht einfach fragen, aber es gibt einen Weg, um mit dem Unterbewusstsein in Verbindung zu treten. Davon möchte ich dir später berichten.

Im Unterbewusstsein sind all deine **verankerten Glaubenssätze** versteckt. Über die meisten weißt du bewusst gar nicht Bescheid. Es gehen nämlich **95 % der verankerten Glaubenssätze aus unserem Unterbewusstsein** und nur **5 % aus unserem Bewusstsein**, unserem Intellekt hervor. Im Hier und Jetzt, deinem Bewusstsein können wir uns zum Beispiel bewusst sagen, dass wir es verdient haben, reich zu sein und dass wir Geld lieben. Es kann aber sein, dass du über das Thema Geld einen ganz anderen Glaubenssatz in dir pflegst. Beispielsweise wurde dir früher immer gesagt, dass du sparen musst, weil deine Familie einfach nicht so viel Geld hatte. Vielleicht wurde sogar über reiche Menschen ein Urteil gefällt und es wurde gesagt, dass diese Menschen arrogant seien. Du hörtest dir diesen Glaubenssatz deiner Eltern also immer wieder an und warst sparsam, handeltest also auch so. Das bedeutet, dass dieser Glaubenssatz nun natürlich immer noch in dir verankert ist und du genau deswegen auf genau dieser Frequenz schwingst und deswegen weiterhin nur Mangel anziehst. Unser Unterbewusstsein nimmt alle Gedanken, Sinneseindrücke und Empfindungen auf, ohne auf deren Inhalt und vor allem deren Wahrheitsgehalt Rücksicht zu nehmen. Deswegen ist es so wichtig, auf seine Wortweise zu achten, denn für das Unterbewusstsein ist alles wahr. Das Unterbewusstsein nimmt deine gesprochenen Worte auf, es ist wie ein Samen, der später dann zu keimen beginnt und dir das dann auch in die Realität zieht. Also denke und fühle deine eigene Wahrheit und säe damit bewusst deinen Samen.

Aber wir sind auch nicht hoffnungslos aufgeschmissen. Wir können unser Unterbewusstsein *umprogrammieren* und es somit langfristig verändern. Dieses Umprogrammieren ist natürlich nicht von heute auf morgen getan und beansprucht Durchhaltevermögen und kontinuierliche Wiederholungen, aber dazu später mehr. Und genau diese Veränderung ist notwendig, um Glaubenssätze der Selbstliebe, Liebe zur Welt, Dankbarkeit und Achtsamkeit in sich zu tragen, um auf den höchsten Frequenzen zu schwingen und all seine Träume ins Leben zu ziehen. Seine Glaubenssätze umzuprogrammieren muss ebenso einen starken Glauben an diese mit sich bringen. Wir werden es nicht schaffen, wenn wir immer nur glauben, die Welt möchte uns Böses oder wir uns fragen, warum es denn schon wieder uns getroffen hat. Das Leben wird dir immer wieder auch das komplette Gegenteil deiner Vorstellungen liefern und warum das so ist, erkläre ich dir jetzt.

„Es ist immer ein und dasselbe was in uns wohnt: Lebendes und Totes und das Wache und das Schlafende und Jung und Alt. Wenn es umschlägt, ist dieses jenes und jenes wiederum dieses."
- Herakleitos

Das goldene Gesetz der Polarität

Ich enthülle nun **einen Teil der goldenen Essenz,** der mein Leben nachhaltig bereichert hat. Es sind die verborgenen Weisheiten des Universums, die unser Leben beeinflussen und lenken lassen. Es sind die **universellen Gesetzmäßigkeiten** - Gesetze, die wir für uns nutzen können und als *Schlüssel zum Tor eines Reiches der eigenen, individuellen Fülle* betrachten können.

Wir beginnen mit einem Gesetz, welches meine Sichtweise komplett veränderte und den Tod viel mehr in meinem Leben zuließ. Es ist das **Gesetz der Polarität.** Es besagt, dass das Leben immer aus *zwei Polen* besteht. Denn was wäre denn die Höhe, wenn es dazu keine Tiefe gäbe? Diese würde es ja gar nicht geben. Und wie können wir es auf das Leben beziehen? Gäbe es das Leben ohne den Tod? Der Tod gibt dem Leben seine Bedeutung. Wir können nicht ewig leben und somit bekommt das Leben einen sehr großen, bedeutenden Wert. Aber noch viel schöner finde ich das Gesetz in Bezug auf die Trauer, die wir empfinden. Was ist der Gegenpol zu meiner tiefen Trauer? Was ist der Gegenpol zu meinem unaufhaltbaren Schmerz? Warum muss ich diesen fühlen? Es ist der Gegensatz meiner unendlich tiefen Liebe zu der Person, um die ich trauere. Es zeigt meine tiefe Verbundenheit und Liebe. Diese Gefühle jemals spüren zu dürfen ist ein riesiges Geschenk, denn gäbe es den Gegenpol nicht, so hätte die Liebe nicht diese tiefe Bedeutung. Wenn wir uns also klarmachen, dass diese Gefühle mit der Liebe einhergehen und es immer einen so bedeutenden, wundervollen Ursprung gibt, so können wir Gefühle jederzeit transformieren. Somit wird deutlich, wie schnell wir unsere Frequenzen und Perspektiven neu auslenken können. Indem du einfach bist und jegliche Bewertung und jegliches Urteil vermeidest, kannst du dich eher mit der allumfassenden Liebe verbinden. Denn nichts ist "schön" oder "hässlich","perfekt" oder "unperfekt". Und desto schneller wir aufhören Ideale zu schaffen und Urteile zu bilden, desto eher kommen wir in die Selbstliebe und erkennen, dass alles denselben Ursprung hat. Trauer bringt viel Schmerz mit sich. Genau so viel wird aber vom Gefühl der Dankbarkeit und Liebe in mir breit, was somit beim Trauern nicht bedeutet, dass ich immer auf einer niedrigen Frequenz schwinge und damit noch mehr Negatives anziehe. Wir müssen mit diesem *"Schwarz-Weiß-Denken"* aufhören und verstehen, dass wir die uns negativen Gefühle *transformieren* können, in etwas ursprünglich Positives.

Ein weiteres **Gesetz der Geistigkeit** besagt das, was wir vorhin schon herausgefunden haben, nämlich, dass alles aus Energie besteht und nur zu einem kleinen Teil aus Masse. Unser Geist ist Teil von allem, er umfasst jeden Gedanken, jedes Gefühl. Unser Bewusstsein kann Energie also verändern. Dabei können sich unsere tiefen Überzeugungen in unserer feinstofflichen Welt manifestieren. Also - Achtung - das, was wir denken, aber auch fühlen, manifestiert sich! Denke daher nicht mehr so viel über deinen Mangel nach und sage keine Sätze wie: *„Ich möchte nicht mehr unglücklich sein!"*, so empfängt das Universum nämlich nur die Energie des Wortes *unglücklich*, da es keine Umwandlungen durch das Wort *nicht* vollziehen kann!

„Wenn du die Geheimnisse des Universums finden willst, denke in Begriffen wie Energie, Frequenz und Vibration."
- Nikola Tesla

Die goldenen universellen Gesetze

Nun kommen wir zum nächsten **Gesetz der Schwingung**, welches besagt, dass sich alle Erscheinungsformen des Bewusstseins oder Geistes, sei es Gedanken, Emotionen, aber auch Materie oder Umstände in ihrer entsprechenden Schwingungsfrequenz unterscheiden. Alles ist ständig in Bewegung und schwingt. Alles wird beeinflusst oder beeinflusst wiederum anderes. Hier können wir die Manifestation von unseren Gedanken deutlich machen. *Du bist der Schöpfer deiner Realität, deine Realität besteht aus Manifestationen deiner Gedanken.* Die höchste Schwingungsfrequenz hat das Bewusstsein, gefolgt von mentaler und emotionaler Ebene. Die niedrigste Schwingungsfrequenz hat die Materie. Aber auch in diesen Ebenen kann man wiederum in niedrige und hohe Frequenzen unterteilen. Die Gefühle von Hass und Angst schwingen sehr niedrig, wohin gegen die Gefühle von Liebe und Dankbarkeit höher schwingen. Wir können unsere Schwingung also jederzeit verändern, je nachdem wie wir eine Sache bewerten. Vorerst ist aber eigentlich alles neutral. Unser Ego formt nur immer unsere Bewertungen der Dinge durch unsere gesammelten persönlichen Erfahrungen. *Für deine persönliche Entwicklung ist es also von großer Bedeutung, dass du Schwingungen erkennst, die dich beeinflussen.*

Das nächste **Gesetz der Analogie** besagt, dass wir auf *drei Ebenen* gleichzeitig existieren: auf der *spirituellen Ebene* durch reines Bewusstsein, auf der *mentalen und emotionalen Ebene* durch Gedanken und Gefühle und auf der *materiellen Ebene* durch den Körper. Unser wahrer Wesenskern liegt in der spirituellen Ebene, ohne dass uns ein beliebter Teil unseres Verstandes - unser Ego - durch dessen gesammelte Gedanken, Erfahrungen, Meinungen und dadurch verankerte Glaubenssätze beeinflusst. Das, was du für dich übernommen hast, dient dir nämlich als Definition für zum Beispiel positiv und negativ, woran du glaubst, was du bist und dich ausmacht. Es ist also deine Identität, welche du dir selbst kreiert hast. Deine wahre Größe und deine Identität können aber nicht über deinen Verstand erkannt werden. *Nur du im Stillen, in einem Zustand des sich Fühlens im gegenwärtigen Moment bringt dich zu deiner* *wahren Identität. Innen sitzen deine Weisheit und dein reines Bewusstsein. Du musst lernen, deine Gedanken zu beherrschen.* Solange beherrschen die Gedanken dich und liefern dir immer wieder Sorgen und Ängste und formen dich weiterhin zu "deiner Identität".

Wir sollten die Tatsache, dass alles miteinander verbunden ist, Energien immer da und in Bewegung sind und niemals vernichtet werden können für unser Wohl nutzen, um die gewünschte Resonanz mit unseren Herzenswünschen zu erzielen. Wenn wir die Gesetze beachten und Vertrauen in uns und das Universum haben, achtsam durch die Welt gehen und unser Mindset von innen heraus ändern, dann wird ebenso das **Gesetz der Anziehung** kräftig. Wir können uns als *Magneten* betrachten, indem wir das anziehen, was wir denken und fühlen. Unser Unterbewusstsein wird umprogrammiert und unser Ego in den Hintergrund gestellt. Unsere Sorgen und Ängste sind nicht mehr so präsent. Und indem wir uns schon so fühlen, wird auch das **Gesetz der Annahme** kräftig. *Wir nehmen schon an, dass wir unsere Manifestation erhalten haben und leben sie schon.*

„Das Universum gibt uns nur das, was wir unserer eigenen Überzeugungen nach verdient haben."

„Wenn wir unsere Emotionen meistern, meistern wir unsere Realität."
- Joe Dispenza

Die goldene Essenz - Werkzeuge des Tuns

In **der goldenen Essenz** schlummern natürlich auch noch unsere **mächtigen Werkzeuge**, die uns dabei helfen, auch wirklich **ins Tun** zu kommen. Eine *Anleitung*, wie wir nun *die Tore zum Quantenfeld* und auch zu unserem *Unterbewusstsein* öffnen, wie wir *die universellen Gesetzmäßigkeiten beachten* und uns somit unsere **Fülle in unser Leben ziehen**.

Wir beginnen mit einer Methode der Stille, um deinem *höheren Selbst näherzukommen* und somit auch *in dein Unterbewusstsein einzudringen*, um *verankerte Glaubenssätze umzuprogrammieren*. Es ist die **Meditation**. Durch eine Meditation nimmst du dich bewusst wahr und blendest Umwelteinflüsse aus. Gerade in unserem System werden wir so oft vom Außen beeinflusst. Der Schlüssel liegt darin, ein Gefühl im Inneren zu kreieren, ohne eine Anregung von außen zu brauchen. Lass uns das Tor zur Innenwelt öffnen und unser drittes Auge aktivieren. Wir reisen nun auf die *Ebenen der*

Wahrnehmung. Du hast Gedanken, Gefühle und Körperempfindungen. Aber das alles bist nicht du. Du bist viel mehr. Auf deiner spirituellen Ebene hast du deine magische Intuition und verfolgst eine mächtige Seelenaufgabe, die dir einen Sinn gibt. Schließe deine Augen und widme dich ganz dir im Hier und Jetzt. Du kannst nun richtig spüren, was in dir *lebendig* ist. Durch unseren Atem können wir üben, in *der ersten Ebene* unsere *Gedanken* loszulassen. Wir konzentrieren uns immer wieder auf den Fluss des Atems, der unseren Körper am Leben erhält. *Eine Ebene tiefer* tauchen wir zum *Körper* ab und können ihn entweder einfach fließen lassen oder wahrnehmen, an welchen Stellen wir etwas spüren. Nun kommen wir zur *nächsttiefer gelegenen Ebene der Gefühle*, in welcher wir uns unserer Gefühle klar werden und sie wahrnehmen können. Vielleicht kann sogar *eine noch tiefere Ebene der Stille* erzeugt werden. Eine Meditation kann sich auf *die Wahrnehmung* beziehen, auf *das Geschehenlassen*, aber auch auf *die Dinge, wofür du dankbar bist*. Du kannst die Meditation auch wunderbar mit dem **Visualisieren** verbinden, indem du in deinen *schöpferischen Modus* gehst und *die offenen Tore nutzt*, um auf denselben Frequenzen wie die deiner Herzenswünsche zu schwingen. Du erzeugst Bilder und Gefühle von deinem Traumleben, von denen das Gehirn wirklich ausgeht, dass du diese gerade erlebst, und sendest somit eine Frequenz ins Universum. *Diese resoniert mit der Frequenz deiner Träume, da im Universum alle potenziellen Möglichkeiten bereits existieren!* Dadurch, dass du in einem Zustand des *reinen Bewusstseins* bist, der Umwelt keine Aufmerksamkeit gibst, **manifestierst** du deine Träume also nicht nur *bewusst*, sondern auch *unterbewusst* und *programmierst veraltete Glaubenssätze um*, indem du sie an deine Überzeugungen anpasst. *Im Gehirn werden neue neuronale Verschaltungen gebildet und bei konstanter Wiederholung zur Gewohnheit und verankert.* Durch die Verlangsamung der Gehirnwellen während der Meditation fällt es uns leichter, während der Übergangsphase kurz vor dem Einschlafen oder Aufwachen das Tor zur Innenwelt zu öffnen.

„Wenn du dir klar darüber bist, was du wirklich willst und diesen Gedanken mit einer tiefen Emotion verbindest, so bewegst du dich in einen neue Realität."
- Joe Dispenza

Die goldene Essenz der Reise

Du bist der Gärtner deines Lebens. Du erschaffst deinen Samen durch farbenfrohe Bilder und überzeugende Emotionen. Pflanze diesen Samen in die magische Erde deines Unterbewusstseins und gieße ihn mit resonierenden Frequenzen, Dankbarkeit und Freude. Die Sonne wird deinen Samen zum Wachsen bringen, genauso wie du durch dein Handeln wachsen wirst. Lebe bereits im Bewusstsein deines Traumes und vertraue darauf, dass das Universum ihn zur richtigen Zeit ernten wird. Sei achtsam und erkenne die Zeichen, die dir den Weg weisen. Wenn sich etwas nicht erfüllt, ist die Zeit noch nicht reif, oder etwas Besseres wartet darauf, dass du weiter wächst. Eine weitere kraftvolle Methode sind **Affirmationen**, die du dir selber - in Gegenwartsform - aufsagen kannst. Zum Beispiel könntest du dir folgenden positiven Satz vor einem Spiegel aufsagen: *„Ich bin genug!"* Oder du nimmst diese kraftvollen Sätze auf und hörst sie dir beim Schlafengehen an. Während wir schlafen, ist unser Unterbewusstsein im Übrigen trotzdem wachsam und nimmt immer ungefilterte - ohne von deinem Ego kommentierte - Affirmationen auf. Eine sehr bewährte *Methode zum Umprogrammieren*. Du kannst dir auch ein **Visionboard** zusammenstellen, indem du deine Träume in Form von Bildern auf ein Plakat klebst und einen Ort wählst, an dem du es immer anschauen kannst. Es wird dir dann auch unbewusst immer deine Träume vor Augen führen.

Lass uns nun *die Essenz dieser Reise* in dein *Inneres* tragen. Du bist durch eine Welt vieler spiritueller Offenbarungen und persönlicher Wachstumsmomente gegangen. Die Zeichen entwickelten sich zu einem Wegweiser und führten zu tiefem Glauben. Die Erkenntnis, dass wir nicht unsere Gedanken und Emotionen sind, sie aber ihren Platz in unserem Leben haben, führte zu Freiheit. Die Reise brachte auch einen neuen guten Freund mit sich, die Angst, die uns stetig befähigt, neue Wege zu gehen. Die Schicksalsschläge und der Verlust haben dir bittere Lektionen erteilt, aber sie sind auch Lehrer der Transformation und des erweiterten Bewusstseins gewesen. In den dunkelsten Momenten hast du die unerschütterliche Wahrheit entdeckt, dass alles in der Liebe seinen Ursprung hat. Du hast deine innere Stärke gefunden und bist durch Resilienz gewachsen. Jetzt sieh zurück auf den Weg, den du bereits gemeistert hast, und lass diese Erfolge deine Zuversicht stärken. Die Reise in die Quantenwelt mit universellen Gesetzmäßigkeiten für dein persönliches Leben in Fülle konnte hoffentlich deinen Horizont für ungeahnte Pfade erweitern. Nun, da du diese Reise vollendet hast, stehst du vor einem neuen Kapitel, das du mit Dankbarkeit und Mut begrüßen solltest. Lass dich von der Gewissheit erfüllen, dass du alles erreichen kannst, was du dir wünschst. Du hast schon so viele Herausforderungen gemeistert! Behalte diese Erkenntnisse in deinem Herzen und lasse sie dich auf all deinen zukünftigen Wegen begleiten. Du hast das Potenzial, Großartiges zu erschaffen und das Leben in seiner ganzen Fülle zu leben. Die Welt wartet darauf, dass du dein Licht entfachst, deine Einzigartigkeit entdeckst und Spuren auf deiner wunderbaren Reise hinterlässt! Erschaffe dein Leben mit jeder Faser deines Seins. Denn du bist der Schöpfer deines eigenen Schicksals. Möge diese Reise immer in dir leuchten und dich daran erinnern, dass du es wert bist, deine Träume zu leben. **Ich glaube an dich!**

SARAH THIEME

Sarah Thieme erschafft mit ihrer Ambition zu Worten eine faszinierende Welt voller Selbstentdeckung durch tiefgründige Weisheiten und praktischen Ansätzen. Die Autorin sprüht nur so vor Begeisterung für das Erkunden der tiefsinnigen Dimensionen des Lebens. Als 2022 ihre Mama verstarb, tauchte sie in diese Dimensionen ein und konnte daraus einen starken Glauben entwickeln. Seitdem möchte sie anderen Menschen dazu verhelfen, Lebenskrisen in Quellen voller Wachstum zu transformieren und die Wahrnehmung auf die Welt und sich selbst zu verändern. Die Autorin beschäftigt sich seit mehreren Jahren mit Spiritualität, wie man die Energien des Lebens für sich nutzen kann und absolvierte eine Ausbildung zur Meditationskursleiterin. Begib dich in deine Bewusstseinstransformation. Insta: saraah_thi

Visit my author page on story.one:
story.one/en/author/sarah-thieme

Loved this book?
Why not write your own at story.one?

Let's go!

MIX

Papier | Fördert
gute Waldnutzung

FSC® C083411

Zeitfracht Medien GmbH
Ferdinand-Jühlke-Straße 7
99095 Erfurt, Deutschland
produktsicherheit@kolibri360.de